박테리아는 인간의 적인가?

민음 바칼로레아 003

박테리아는
인간의 적인가?

존 헤릭 | 이재열 감수 | 김희경 옮김

민음in

차례

미생물은 모두 '해롭다'는 이분법적인 생각을 버린다면
성큼 한 걸음 도약하는 것이다.

—조슈아 레더버그

질문 : 박테리아는 우리의 적인가?

지난 세기가 끝날 무렵 세계 보건 기구는 21세기를 '전염병의 시대'라고 선언했다. 이에 동조라도 하듯 최근에 한 전염병 학자는 사람들에게 이렇게 경고했다.

"현재 인류는 전염병의 시대에 살고 있다."

이는 정말 귀담아 들을 만한 말인가? 아니면 터무니없는 과장인가?

● ● ●

조슈아 레더버그(Joshua Lederberg, 1925~) 미국의 유전학자로 대장균에 의한 유전적 대체 현상을 발견하고, 살모넬라균에 의한 형질 도입 현상을 발견하는 등 여러 가지 업적으로 1958년에 노벨 생리 의학상을 수상하였다.

에볼라, 사스, 조류 인플루엔자 등 귀가 따가울 정도로 빈번하게 언론에 오르내리는 전염병 관련 뉴스들을 보면 이 무시무시한 말이 전혀 근거가 없는 것은 아닌 것 같다. 실제로 1977년에서부터 1992년 사이에 병을 유발하는 해로운 박테리아가 아홉 종류나 새로 확인되었다고 한다. 최신 연구 결과에 따르면, 새로 생겨나는 전염병의 절반 이상은 동물이 원인이거나 또는 동물과 인간의 직접적인 접촉이 원인이 되어 생겨난다고 한다. 물론 이때의 절반이라는 말에는 동물과 인간 사이에서 다른 생명체가 병을 매개하는 경우도 포함된다.

흔히 광견병이라고 불리는 공수병(恐水病)은 야생 동물에 물리거나, 야생 동물에 물려서 감염된 개에 물릴 때 걸리는 대표적인 동물 매개 전염병이다. 한타 바이러스를 원인 균으로 하며 들쥐에 기생하는 진드기를 통해 옮겨지는 유행성 출혈열˚이나 모기에 물리면 걸리는 황열˚은 대표적인 곤충 매개 전염

● ● ●

유행성 출혈열 두통, 권태, 근육통, 발열 따위의 증상이 나타나고 좁쌀 크기의 출혈진(出血疹)과 함께 단백뇨, 혈뇨가 생기는 전염병.
황열 아프리카 서부와 남아메리카에서 볼 수 있는 악성 전염병. 황열 바이러스가 주로 간과 신장을 침범하는데, 고열이 나고 피가 섞인 검은색 구토와 황달을 일으키며 사망률이 높다.

병에 속한다.

9·11 직후에 미국에서 일어난 생물학 무기 테러는 전염병에 대한 인류의 불안을 한층 가중시켰다. 미국 역사상 처음으로 탄저균, 즉 탄저병*을 일으키는 박테리아가 전쟁 무기로 사용된 것이다. 수많은 전문가들은 이 사건이 생물학 무기를 이용한 전쟁의 시작에 지나지 않는다고 크게 우려했다. 하지만 생물 무기를 이용한 공격은 역사적으로 볼 때 그다지 새로운 것이 아니다. 고대 로마 군대는 성을 공격할 때 성벽 위로 부패한 시체를 던져 넣곤 했다. 또 1374년 타타르 군대는 크리미아의 도시 주민을 감염시키기 위하여 페스트에 걸린 시체를 이용했다. 일부 전문가들은 이 사건이 14세기 유럽 인구의 3분의 1에 해당하는 2500만 명을 학살한 엄청난 전염병의 출발점이었다고 주장한다.

현재 지구 위를 떠도는 감염 질병은 매우 다양한 생물학적인 요인을 원인으로 한다. 뉴스에 자주 오르내리는 사스와 에이즈는 바이러스에 의해, 레지오넬라병*과 라임병*은 박테리

● ● ●

탄저병 탄저균으로 인해 내장이 붓고 혈관에 균이 증식하는 병. 소, 말, 양 따위 초식 가축에 주로 발생하며 사람에게 옮기도 한다.

아에 의해, 말라리아는 네 가지 종류의 병원충에 의해, 급성 설사°는 기생충인 크립토스프리디움에 의해 전염된다.

아시아 대륙에서 시작되어 북아메리카 대륙까지 급속도로 확산된 사스는 국경을 넘나드는 여행이 질병의 전파에 아주 중요한 역할을 한다는 사실을 보여 준다. 1982년 패스트푸드 체인점을 통하여 전파되어 미국에서 백여 명을 죽음에 이르게 한 병원성 대장균 O157:H7°은 음식물을 집약적으로 생산하는 것이 전염병의 발병 가능성을 높인다는 사실을 증명했다.

이와 유사한 사례들은 얼마든지 있다. 새로운 기술이 촉발한 사회적 변화로 인하여 인간은 새로운 전염병의 주요 매개체

● ● ●

레지오넬라병 물탱크나 냉각탑 시설 등에서 자란 레지오넬라균 때문에 발생하는 급성 호흡기 감염 질환. 폐렴을 동반할 경우 치사율이 40퍼센트에 이른다.

라임병 진드기에 의해 전염되는 피부병으로 두통, 오한, 발열 등의 증상을 보이며 수막염, 관절염, 신경계 또는 순환기 장애를 동반한다.

급성 설사 병균으로 오염된 물을 통해 전염되어 심한 설사를 일으키는 질병.

O157:H7 사람이나 동물의 장에 침입하면 설사, 복통, 혈변 등을 일으키고 적혈구를 파괴하며 신장을 집중 공격하여 용혈성 요독증을 불러오는 병원성 대장균의 일종으로 전염성이 무척 강하다. 대장균은 혈청형에 따라서 다양한 성질을 띠는데, O157은 균체 표면에 있는 세포벽의 성분인 당 분자를 이루는 당의 종류와 배열 방법에 따른 분류로 지금까지 발견된 173종의 O항원 중 157번째로 발견되었다는 뜻이고, H7은 편모 부분에 존재하는 아미노산의 조성과 배열 방법에 따른 분류로 60여 종의 H항원 중 7번째로 발견되었다는 뜻이다.

가 되었다. 물론 이 역시 그다지 새로운 것이 아니라 역사를 통하여 끊임없이 확인할 수 있는 사실이다. 역사상 나타난 수많은 전염병이 사회적, 정치적 격변과 직접 관련이 있었다.

'사회적 전염병'이라고 불릴 수도 있는 이와 같은 전염병을 하나만 예로 들어 보자. 아메리카 대륙의 인디언이 속수무책으로 학살당한 것은 유럽인들이 보유했던 군사력 때문이라기보다는 유럽인들과 함께 들어온 천연두 때문이었다. 한편, 15세기 말의 유럽에 나선충인 트레포네마 팔리덤을 병원체로 하는 성병인 매독이 출현한 것은, 어떤 면에서 보면 인디언들의 보복이라고 볼 수도 있다. 콘키스타도르˚가 신대륙에서 귀향할 때에 유입되었다고 추정되는 매독은 유럽에서 페스트보다 더 많은 사망자를 낳았다.

이러한 사실들을 들여다보고 있으면 사람들이 박테리아를 입에 올릴 때마다 왜 극도의 불안에 사로잡히게 되는지를 이해할 수 있을 것이다. 박테리아 하면 곧 질병이 생각나는 것이다.

● ● ●

콘키스타도르(conquistador) '정복자'라는 뜻으로, 16세기에 중남미를 침입한 에스파냐 인들을 이르는 말이다. 잉카 및 아스테카 문명을 파괴하고 원주민을 대량으로 학살하였다.

그렇다면 박테리아는 인간을 위협하고 공격하여 마침내 지구의 지배자가 될 운명을 타고난 것인가? 박테리아는 그토록 인간에게 위협적인 존재인가?

이 질문에 대한 대답이 긍정일지라도, 우리가 먼저 알아야 할 것은 셀 수 없을 정도로 많은 박테리아들 중에서 극히 일부분만이 인간에게 병을 일으킨다는 것이다. 박테리아들 중에는 포도주나 치즈를 만드는 데 도움을 주는 등 인간에게 이로운 것들도 많이 있다. 그렇다면 우리는 또한 다음과 같은 질문에도 답을 해야만 한다. 박테리아란 도대체 무엇인가? 자연 상태에서 박테리아는 어떤 작용을 하는가? 우리 몸속에는 어떤 박테리아가 있으며, 무슨 일을 하는가? 박테리아는 어떻게 질병을 일으키는가? 이 책은 의학과 미생물학의 최신 연구 성과들을 살펴봄으로써 이러한 질문들에 답하고자 한다.

1

박테리아란
무엇인가?

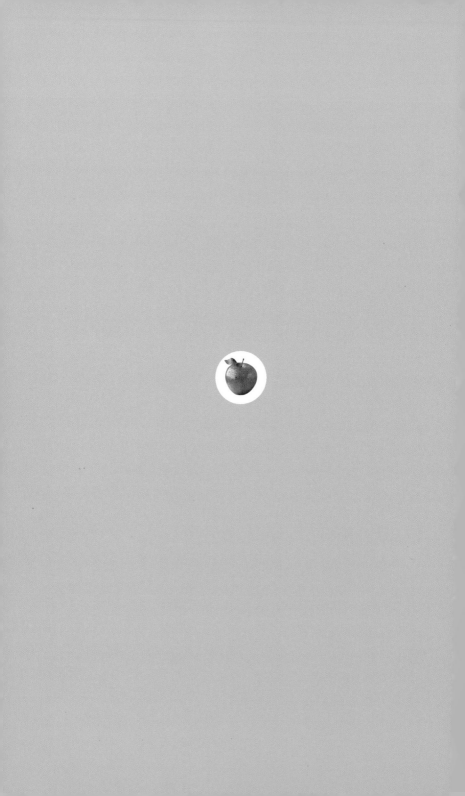

박테리아란 무엇인가?

　사람들은 흔히 박테리아와 미생물을 잘 구별하지 못한다. 하지만 '미생물'이란 말은 박테리아보다 훨씬 넓은 범위의 생물체들을 가리키는 말로, 바이러스, 균류, 효모에서부터 프리온, 박테리아에 이르기까지 크기가 아주 작은 모든 생물체에

● ● ● ●

프리온(prion)　광우병(狂牛病)을 유발하는 인자로 단백질(Protein)과 바이러스 입자를 뜻하는 비리온(Virion)의 합성어로 1982년에 미국의 프루시너가 붙인 이름이다. 말 그대로 바이러스처럼 전염력을 가진 단백질 입자라는 뜻이다. 프리온은 박테리아나 바이러스, 곰팡이, 기생충 등과는 전혀 다른 종류의 질병 감염 인자로, 보통 바이러스보다 훨씬 작으며 동물에 감염되면 뇌에 스펀지처럼 구멍이 뚫려 신경 세포가 죽음으로써 뇌 기능을 잃게 만든다. 이 밖에 프리온은 알츠하이머병에도 영향을 미치는 것으로 알려져 있다. 프리온의 존재를 밝혀낸 공로로 프루시너는 1997년에 노벨 생리 의학상을 수상하였다.

쓰이는 일반적인 용어이다.

달리 '세균'이라고도 불리는 박테리아를 처음으로 발견한 사람은 현미경의 발명자인 안토니 반 레벤후크이다. 그는 1675년 자신의 치석 표본을 현미경으로 관찰한 끝에 맨눈으로는 보이지 않는 작은 생물들을 발견했다. 하지만 그 시대에는 레벤후크가 발견했던 '작은 동물들'이 무엇인지 정확하게 알 수가 없었다. 그것의 정체는 19세기에 이르러서야 비로소 밝혀졌는데, 루이 파스퇴르를 비롯한 일련의 과학자들이 실험을 거쳐 그 작은 동물들이 단세포 생물 또는 박테리아임을 알아낸 것이다.

박테리아는 어디에서 왔는가?

화석상으로 볼 때 지구에 최초의 생명체가 나타난 것은 대략 35억 년 전이다. 이를 증명하는 가장 오래된 화석은 서부 오스트레일리아 내륙 지방의 노스폴에서 발견된 원핵 생물˚의 화석(스트로마톨라이트˚)이다. 이 생물은 틀림없이 박테리아의 조상인 원시 박테리아일 것이다. 그에 비해 현생 인류인 호모 사피엔스 사피엔스는 최대한 늘려 잡아야 15만~20만 년 전부터 존재했다. 그러니까 박테리아의 기원, 다시 말해 생명의 기원은 추측할 수 있을 뿐 영원히 알 수 없는 상태로 남아 있을 수밖에 없다.

현재 우리가 알고 있는 지구상의 생명은 모두 원핵 생물계, 원생 생물계, 균계, 식물계, 동물계와 같은 다섯 가지 계(界)로 나누어진다. 이 다섯 가지 계는 다시 진정 세균,* 원시 세균,* 진핵 생물*과 같은 세 가지 역(域, domain)에 속한다. 원핵 생물계는 진정 세균역이나 원시 세균역과 관계가 있고, 다른 계들은 모두 진핵 생물역에 속한다. 박테리아는 진정 세균이며,

● ● ●

원핵 생물 세포 내에 핵의 요소가 되는 물질은 있으나 핵막이 없어 핵 구조를 이루지 못한 생물. 광합성 능력을 가진 남조류와 광합성 능력이 없는 원핵균류로 나누어지며, 29~34억 년 전에 나타난 것으로 추정되고 있다.

스트로마톨라이트 마쓰이 다카후미는 『지구, 46억 년의 고독』(김원식 옮김, 푸른산, 1990)에서 이 화석에 대해 다음과 같이 쓰고 있다. "스트로마톨라이트(stromatolite)라고 하는 이 화석 구조물은 나무의 나이테를 연상케 하는 줄무늬가 있는 검붉은 암석인데 남조와 같은 생물의 화석군(colony)이 퇴적층 속에서 성장한 것이다. 방사성 동위 원소비에 의한 연대 측정법으로 그 암석의 나이를 측정했더니 약 35억 년 전으로 밝혀졌다. 또 스트로마톨라이트가 발견된 주위의 지층에서 해저 화산이 해수 중에 분출했을 때 생기는 베개 모양의 용암도 발견되었는데 이것은 노스폴 주변이 옛날에 바다 밑이었다는 것을 알려준다. 스트로마톨라이트를 만든 남조는 원시적인 미생물로 바다 속이나 수분이 많은 흙 속 등 현재의 지구상에도 도처에 살아 있다. 1000분의 몇 밀리미터 크기의 미세한 실 모양인데 현미경으로 보면 세포 같은 생명체가 하나하나 이어져서 실 모양을 보여 준다. 고등 생물의 세포라면 반드시 있어야 할 핵의 존재가 이 원시 박테리아에서는 확인되지 않는다."

원시 세균은 진정 세균과 진핵 생물 사이에 있는 생물로 굳이 따지자면 진핵 생물에 약간 가깝다.

진핵 생물역에는 효모균처럼 단세포 생물도 있고 식물이나 동물처럼 다세포 생물도 있지만, 진정 세균역이나 원시 세균역에는 전적으로 단세포 생물만이 존재한다. 진핵 생물에는 유전 정보가 담긴 DNA가 들어 있는 핵이 세포 안에 존재하는 데 반하여, 원핵 생물계의 생물에는 세포에 핵이 존재하지 않는다.

🍎 이제 최초로 나타난 생명체인 **원핵 생물**, 그중에서도 박테리아(진정 세균)에 관심을 집중해 보자. 박테리아를 분류하는 방법은 여러 가지가 있을 수 있다.

🍎 우선, 세포벽을 형성하는 단백질인 **펩티도글리칸**˚의 양에 따라서 분류하는 방법이 있다. 펩티도글리칸은 박테리아에 포함

● ● ●

진정 세균 펩티도글리칸을 세포벽에 가지고 있는 박테리아를 통틀어 이르는 말로 지구상에 널리 분포하며 물질대사나 인간 생활과 관계가 깊다. 아조토박테리아과, 리조비움과 등 13과로 나누어진다.

원시 세균 1976년 미생물학자 칼 우즈가 발견한 것으로 세포벽에 펩티도글리칸이 없는 박테리아를 말한다. 메탄 세균, 호염성 세균, 고온성 세균 따위가 있다.

진핵 생물 핵이 핵막으로 둘러싸여 있으며, 세포질 속에 미토콘드리아, 소포체, 골지체 등의 세포 소기관이 있고, 유사 분열을 하는 진핵 세포로 이루어진 생물. 박테리아 및 바이러스를 제외한 모든 생물이 이에 속한다.

된 양에 따라서 박테리아를 파란색 또는 자주색으로 염색할 수 있게 하거나 그렇게 하지 못하게 만든다. 염료에 대한 이와 같은 단백질의 반응에 따라 박테리아를 염료에 반응하는 **그람 양성균**과 염료에 반응하지 않는 **그람 음성균**으로 구분한다. 그람 양성균에 펩티도글리칸이 더 두껍게 존재한다는 것도 알아 두자.

또 박테리아를 산소와 관련하여 분류할 수도 있다. 산소를 필요로 하는 **호기성**(好氣性) 박테리아와 산소를 필요로 하지 않으며, 흔히 산소 때문에 죽기도 하는 **혐기성**(嫌氣性) 박테리아로 나누는 것이다.

또 형태에 따라 박테리아를 분류할 수도 있다. 폐렴균, 화농균, 임질균 등의 구균(球菌)은 둥글고, 대장균, 결핵균, 장티푸스균 등의 간균(桿菌)은 작은 막대기 모양이고, 매독균, 콜레라균 등의 스피로헤타와 나선균(螺旋菌)은 나사 모양이고, 토양에 풍부한 박테리아인 방선균(放線菌)은 가늘고 긴 실처럼 생

● ● ● ●

펩티도글리칸 박테리아의 세포벽을 이루는 구성 성분의 하나로 뮤레인이라고도 한다. 아미노당과 몇 가지 아미노산으로 이루어져 있으며 가로세로로 엮여서 세포벽의 골격을 형성한다.

그람 이 말은 이 현상을 최초로 발견한 과학자 한스 그람의 이름에서 따왔다.

겄다. 또 다양한 유형의 호흡기 질환을 유발하는 마이코플라스마와 티푸스의 원인이 되는 리케차는 다형성(多形性) 박테리아이다. 매우 얇은 세포벽을 갖고 있는 이러한 기생 박테리아들은 숙주가 만드는 영양분에 종속되어 있기 때문에 반드시 세포 안에 있다.

박테리아는 어떻게 살아가는가?

박테리아는 주변에서 제공하는 먹이를 직접 흡수함으로써 생명을 유지할 수 있다. 대부분의 박테리아는 '효소'라고 불리는 촉매 단백질을 분비하여 세포 밖에서 먹이를 소화한 후에 거기서 나온 영양물과 무기물을 세포벽을 통하여 수송 또는 확산˚ 등의 방법으로 세포 안으로 받아들인다. 박테리아가 세포막을 통하여 영양분을 받아들이는 이 과정은 일종의 화학 펌프

● ● ●

확산과 수송 확산은 물질이 농도가 높은 곳에서 낮은 곳으로 이동하는 것을 말한다. 그중에서도 물의 확산을 가리켜 '삼투'라고 한다. 하지만 반드시 필요한 물질의 경우에는 주위 환경보다 세포 내의 농도가 낮다고 할지라도 에너지를 사용하여 그 물질을 흡수하기도 한다. 이를 가리켜서 (능동) 수송이라고 한다.

를 연상시킨다.

박테리아는 영양을 취하는 방법에 따라서 스스로 영양분을 만들어 내는 **독립 영양 생물**과 다른 생물을 소비함으로써 영양분을 얻는 **종속 영양 생물**로 나누어진다. 또 독립 영양 생물은 태양 에너지를 이용하여 이산화탄소로부터 영양분을 만들어 내는 **무기 영양 생물**과 화학 에너지를 사용하여 이산화탄소로부터 영양분을 만들어 내는 **화학 영양 생물**로 나눌 수 있다. 종속 영양 생물 중에서 죽은 생물이나 동물의 배설물을 소화하는 분해자들 또는 부생균류(腐生菌類)는 환경의 지속적인 안정에 대단히 중요한 역할을 한다.

크기는 박테리아가 살아가는 방식을 보여 주는 아주 좋은 지표이다. 확산에 의해 영양분을 섭취하는 박테리아는 면적보다 부피가 더 빨리 증가하기 때문에 세포의 면적/부피의 비례로 표시되는 일정한 크기를 초과할 수 없다. ˙ 이 비례를 최적

• • • •

박테리아의 크기 박테리아가 생존하려면 확산이나 수송을 통하여 영양분을 공급받아야 하는데, 크기가 커지면 확산이나 수송에 문제가 생긴다. 수송이나 확산은 세포막을 통하여 일어나기 때문에 표면적을 기준으로 실행되는데, 실제로 세포 내용물에서 일어나는 영양분의 수송이나 확산은 부피를 기준으로 실행이 된다. 그런데 박테리아가 커지면 표면적은 제곱으로 증가하지만 부피는 세제곱으로

규모로 계산해 보면 박테리아의 직경은 일반적으로 1~5마이크로미터*에 해당하는데, 이는 인간의 세포보다 10~100배 정도 작은 크기이다. 아직까지 실제로 확인된 바가 없지만 이론상 존재할 수 있는 가장 커다란 박테리아의 직경을 약 0.75밀리미터이다. 또 가장 작은 박테리아는 50~500나노미터*이다.(따라서 이들은 **나노 박테리아**라고 불린다.)

증식률 역시 박테리아가 살아가는 방식을 보여 주는 좋은 지표이다. 박테리아는 영양분의 공급 상태에 따라 증식률을 극단적으로 바꿀 수 있다.

영양분이 풍부한 환경에 놓인 박테리아는 20분마다 증식하여 박테리아 단 하나가 하룻밤 동안 10억 개체까지 증식할 수 있다! 만약 박테리아가 죽지 않고, 영양분이 무한히 공급된다면, 단 며칠만 지나도 지구상에 있는 박테리아의 질량 합계가 우주의

● ● ●

증가하게 되어 부피에 비해 표면적이 상대적으로 작아지므로 물질 수송에 문제가 생긴다. 그러므로 박테리아는 일정한 크기 이상으로 커질 수 없는 것이다.

마이크로미터 1미터의 100만분의 1에 해당하는 길이로 주로 음향이나 전기의 파장, 분자와 분자 사이의 거리, 미생물의 크기 등을 측정하는 데 사용된다. 기호는 µm이다.

나노미터 1미터의 10억분의 1에 해당하는 길이로 흔히 빛의 파장을 나타내는 단위로 쓰인다. 기호는 nm이다.

질량 전체를 초과할 것이다. 따라서 죽음이란 박테리아의 유전자가 살아남기 위해 선택한 본질적인 적응 현상으로 보인다.

반면, 영양분이 부족하거나 거의 공급되지 않는 환경에 놓인 박테리아들은 몇 주 또는 몇 달 동안 활동 정지 상태에 들어간다. **내생 포자**(內生胞子)라 불리는 것을 만들어 내는 박테리아도 있다. 씨앗과 비슷하게 생긴, 매우 단단하고 질긴, 일종의 생존 껍질로 둘러싸인 박테리아는 다시 여건이 좋아지면 껍질을 벗어 버리고 활동에 들어간다. 심지어 이런 형태로 박테리아는 수백만 년 동안 생존할 수도 있다. 지구상에서 가장 오래된 생물은 아마도 1억 3500만 년 된 호박(琥珀) 안에서 활동 정지 상태에 들어간 채로 발견된 박테리아일 것이다. **우주 기원론**을 주장하는 사람들은 지구상의 생명이 혜성에서 유입된 포자(胞子)에 의해 생겨났다고 이야기한다. 생명은 박테리아의 감염으로부터 시작했다는 것이다.

박테리아는 어디에서 사는가?

우리는 박테리아라면 일단 더러움과 불결함을 떠올리는 경향이 있다. 하지만 우리가 몸을 아무리 열심히 씻더라도 결코 박테리아를 피할 수가 없다. 우리 피부에는 보통 1제곱센티미터마다 10만 개체의 박테리아가 있다. 온몸으로 확대 적용 하면 아마 1제곱센티미터마다 100만 개체에 이를 것이다. 땀에서 자라는 박테리아인 아로마박터 말로도렌스는 땀 성분을 분해하여 몸 냄새의 원인이 되는 화학 물질을 만든다. 맨눈으로는 잘 보이지 않지만 이처럼 박테리아의 존재를 냄새로 탐지할 수도 있다.

사실 박테리아는 지구상에서 가장 종류가 다양한 생물이다. 학자들은 박테리아에 400만~600만가량의 종(種)이 있을 것이라고 추산하고 있다.(이중 4000종은 현재 확인되었다.) 박테리아 전체의 생물량(전체 질량)은 다른 모든 생물을 합친 생물량보다 커서 무려 지구 전체 생물량의 60퍼센트에 이른다.

현재 세계에서 가장 큰 식물로 알려진 미국의 캘리포니아에 있는 세쿼이아 나무는 높이 82.2미터에 무게가 1500톤에 이르는 데 비하여, 박테리아 하나의 무게는 평균 0.0001밀리그램의 3분의 1밖에 안 되는데도 어떻게 이런 일이 가능할까? 아마도 그것은 지구상에 있는 박테리아의 수가 어마어마하기 때문일 것이다. 전 세계의 박테리아군(群)은 약 5×10^{29}개체에 이르는 것으로 추정된다. 이는 1그램의 흙 속에 6400~38000개체의 박테리아가 사는 것과 같다. 전 세계 인구가 6×10^9명이니까, 확률

로만 따지면 우리는 어쩔 수 없이 10^{20}개체의 박테리아와 만나게 된다.

박테리아는 수적으로 가장 많은 생물일 뿐만 아니라 가장 적응력이 높은 생물이기도 하다.

박테리아는 사해(死海)에서도, 남극 대륙에서도, 성층권에서도, 구름 속에서도 발견되었고, 심지어는 다른 박테리아의 내부에서도 발견되었다. 박테리아들은 비등점을 넘을 정도로 뜨거운 심해의 온천수에도 생존하고 있다. 또 석유와 톨루엔과 같은 용제(溶劑)에서도, 배터리의 산(酸)에서도 생존하고 있다. 테르모필리아 아시도필룸이라는 종은 농축 황산에 해당하는 pH1~2의 산도와 극단적으로 높은 온도에서도 별 문제 없이 생명을 유지할 수 있다. 또 박테리아들은 다른 생물들은 높은 압력 때문에 파괴되어 버리는 지하 3.5킬로미터 깊이에서도 생존한다. 더 놀라운 사실은, 핵 공장의 냉각 수조 안에서 사는 이노코쿠스 라디오두란스는 인간 치사량의 1만 배에 해당하는

● ● ● ●

래드 방사선을 쬔 물체가 흡수한 방사선의 양을 나타내는 단위로 1래드는 방사선의 종류에 관계없이, 물체 1그램당 100에르그의 에너지를 받을 경우이다. 기호는 rad이다.

500만 래드˚의 방사선 아래에서도 살 수 있다.

박테리아는 우주 환경에서도 생존할 수 있는가를 시험해 보기 위해 아폴로 12호에 실려서 달에 간 적도 있다. 사람의 코와 목에서 사는 스트렙토코쿠스 미티스 50~150개체는 로켓이 발사될 때에도, 항성(恒星) 공간에서도, 삼 년 동안 우주선 폭발이 일어났을 때에도, 절대 온도 0도보다 섭씨 20도밖에 높지 않은 극한의 결빙 온도에서도, 게다가 영양분이나 물을 얻을 수 있는 방법이 전혀 없을 때에도 살아남았다. 따라서 박테리아가 우주 공간에서 수천 년 동안 살아남을 수 있었다고 생각하는 것은 당연했으며, 이는 우주 여행과 지구 생명의 기원에 관한 문제를 다시 제기하게 만들었다.

박테리아는 무슨 일을 하는가?

박테리아는 생태계의 순환과 기후의 조절에 아주 본질적인 역할을 한다.

대기는 질소(78퍼센트), 산소(21퍼센트), 이산화탄소(약 0.03퍼센트) 등 주로 세 가지 기체로 구성되어 있다. 이 기체들은 물, 황, 인과 더불어 생명을 탄생시키고 유지하는 데 반드시 필요하다. 탄소는 지금까지 알려진 모든 생명체의 바탕을 이루는 요소이고, 질소는 단백질을 만드는 데, 산소는 에너지를 생산하는 데 필수 요소이다.

아래에서 자세히 살펴보겠지만, 대부분의 경우에 이 요소들은 무기 영양 생물의 활동으로 인하여 먹이 사슬 안으로 들어가고, 종속 영양 생물의 활동과 함께 먹이 사슬을 떠나게 된다. 그런데 이와 같은 먹이 사슬의 시작과 끝에 바로 박테리아가 있다. 박테리아는 탄소와 질소가 순환하는 동안 이들을 이용함으로써 지구상의 모든 생명체에 필요한 요소들을 충분히, 그리고 안정적으로 공급하는 역할을 한다.

우선, 산소와 탄소의 순환에 대하여 자세히 살펴보자.

최초의 박테리아는 종속 영양 생물로서 주변의 유기물을 이용하여 영양분을 공급받았다. 이들의 수가 점차 늘어남에 따라 이용할 수 있는 유기물은 점차 줄어들고, 대기는 이들이 배출하는 이산화탄소로 가득 차게 되었다. 따라서 종속 영양 생물로서는 더 이상 영양분을 공급받을 수 없어 점차 생명 유지에 어려움을 겪게 되었고, 이러한 환경에 적응하기 위하여 이산화탄소 등을 이용하여 세포 내에서 유기물을 만들어 낼 수 있는 독립 영양 생물이 나타나게 되었다.

대기 속에 산소가 나타난 것은 이들 독립 영양 생물의 왕성

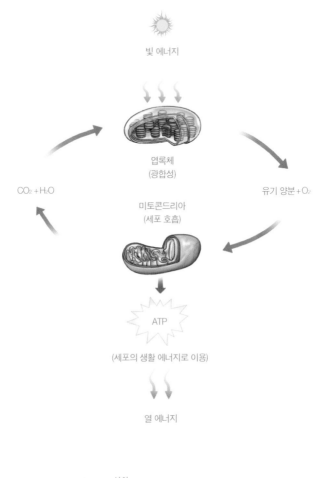

빛 에너지

엽록체
(광합성)

CO₂ + H₂O

유기 양분 + O₂

미토콘드리아
(세포 호흡)

ATP

(세포의 생활 에너지로 이용)

열 에너지

산화

$C_6H_{12}O_6$ + 60₆ → 6CO₂ + 6H₂O

포도당   산소   이산화탄소

환원

광합성과 호흡

한 활동 덕분이다. 앞에서 이미 이야기한 바 있지만, 스트로마톨라이트에서 발견된 박테리아가 화석상으로는 최초의 독립 영양 생물이다. 대기나 바다에는 아직 산소가 없었기 때문에 바다 속에 살던 이들 박테리아는 혐기성 박테리아였을 것이다. 이를 남조류°라고 하는데, 이들의 생명 활동 덕분에 대기 속에 산소가 나타나게 되었다.

대기 중에 있는 산소는 생물(박테리아와 식물)이 빛(태양 에너지)을 이용하여 물과 이산화탄소로부터 유기물(탄수화물)을 만드는 과정(광합성)에서 생겨난 것이다. 그런데 광합성 과정에서 쓰이는 이산화탄소는 생물의 호흡 과정에서 나온 결과물이다. 사실 호흡이란 대기 중에 있는 산소를 사용하여°유기물을 분해하고, 그 과정에서 생명 유지에 필요한 에너지를 얻는 것을 말한다. 왼쪽 아래 그림에서 보는 바와 같이 이 과정에서 이산화탄소와 물이 생기는데, 이는 다시 광합성 원료로 사용된

● ● ●

남조류(Cyanobacteria) 스트로마톨라이트에서 발견된 원핵 생물. 육상 식물의 엽록체와 같은 조상에서 나왔다고 생각되며, 광합성 작용을 통해 지구의 대기에 산소를 배출한다. 이런 원시 미생물들은 지구 초기의 생명 활동을 보여 주는 동시에 우주에 존재할지도 모르는 생명체의 흔적에 관한 유용한 정보를 제공한다.
유기 호흡과 무기 호흡 산소를 사용하지 않는 호흡도 있다. 산소를 사용하는 호흡을 유기 호흡, 산소를 사용하지 않는 호흡을 무기 호흡이라고 한다.

다. 따라서 광합성과 호흡은 서로 상보적이다. 호흡을 통하여 나오는 탄소의 양은 광합성에 의해 소비되는 탄소의 양과 같다. 탄소가 존재하지 않는다면, 지구상에 있는 산소는 약 50년이면 호흡을 통하여 모두 소비되고, 이는 아마도 모든 생물의 멸종을 불러오게 될 것이다.

광합성과 호흡은 세포 내부에 특별히 마련된 방에서 이루어진다. **세포 소기관**이라 불리는 이 방은 원시 박테리아들의 흔적으로 알려져 있다. 세포 소기관은 세포 안에 존재하지만 세포막을 통하여 다른 세포 물질들과 구분되는 고유한 유전체(게놈)를 갖고 있다. 그중 대표적인 것으로는 **엽록체**와 **미토콘드리아**가 있다. 광합성이 일어나는 엽록체는 앞에서 말한 남조류가 다른 박테리아(아마도 원시 세균류)를 감염시켜 오랫동안 공생하면서 변하여 생겨난 것으로 생각되며, 호흡 작용이 이루어지는 미토콘드리아 역시 박테리아가 다른 박테리아를 감염시켜 오랫동안 공생하면서 변하여 생겨난 것이다. 이를 세포 내 공생설이라고 하는데, 오른쪽 그림에서 볼 수 있듯이, 현재 진핵 생물 안에 있는 미토콘드리아는 호기성 박테리아에서 유래했으며, 엽록체는 광합성 박테리아에서 유래한 것이라고 생각되고 있다.

이제 질소의 순환에 대하여 살펴보자.

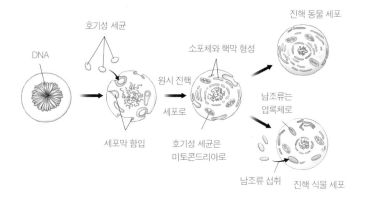

세포 소기관의 진화 과정

질소는 박테리아를 통하여 먹이 사슬 안으로 들어간다. 사실 식물과 동물은 자연 속에 있는 질소를 그 상태 그대로는 활용할 수 없다. 대기 속에 있는 질소를 식물이 이용할 수 있는 형태로 만드는 것은 흙 속이나 몇몇 식물의 뿌리에 사는 박테리아들이다.

박테리아들이 공중에 있는 질소를 유기 질소로 바꾸는 과정을 질소 고정[●]이라고 한다. 그중에서도 특히 리조비아[●]라는 뿌리혹박테리아의 활동을 알아둘 필요가 있다. 리조비아는 식물의 뿌리 세포에 침입하여 질소를 암모니아로 변화시킨다. 그러고 나면 다른 박테리아들이 리조비아가 만든 암모니아를 이용하여 질산염, 즉 유기 비료를 생성하는 것이다. 이렇게 박테

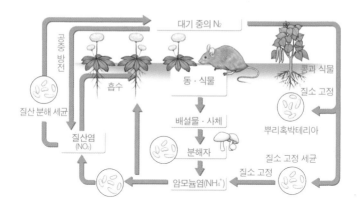

질소 순환

리아가 만든 질산염을 콩과 식물이 흡수하고, 동물이 이 식물
들을 섭취함으로써 비로소 질소는 먹이 사슬 안으로 들어간다.
그렇게 한 차례 먹이 사슬을 돌고 나서 질소는 죽은 식물과 동

● ● ● ●

질소 고정 특정한 박테리아나 남조류가 대기 속에 있는 질소(N₂)를 식물들이 이
용할 수 있는 형태인 암모니아(NH₃)로 고정하여, 이것을 유기 질소 화합물로 만
드는 과정.

리조비아(Rhizobia) 콩과 식물의 뿌리혹에서 사는 박테리아이다. 리조비아는 농
업 생산에서 가장 중요한 박테리아로, 질소를 고정하자마자 이를 아미노산인 알
라닌으로 바꾸어 밖으로 배출하고, 이렇게 배출된 알라닌은 식물체의 세포 속으
로 수송된다. 그리고 나면 질소 동화 시스템이 알라닌을 글루타민과 글루타민산
으로 만들어 식물체가 이용하도록 만든다.

물 그리고 그 배설물을 부패시키는, 즉 질소를 분해하는 박테리아 덕분에 대기 속으로 돌아간다. 이 과정 전체를 **질소 순환** 🍎 이라고 한다. 박테리아가 분해하여 대기 중으로 내보내는 질소의 양은 대기로부터 받아들여 고정한 질소의 양과 똑같다. 이러한 질소의 순환 과정을 그림으로 나타내면 왼쪽과 같다.

따라서 탄소 순환에서도 그러했지만, 박테리아는 대기와 생명체 사이의 계면˚ 역할과 필터 작용을 동시에 한다.

박테리아는 왜 질병을 일으키는가?

박테리아는 생명의 기원이기도 하지만, 또 많은 경우에 생명의 끝이 되기도 한다.

2000년 한 해 동안 박테리아가 불러일으킨 질병으로 인하여 전 세계에서 약 500만 명이 죽었다. 이는 같은 기간 동안의 전체 사망자 수인 5200만 명의 약 10퍼센트에 해당한다. 하지만

● ● ●

계면(界面) 물질에는 기체상, 액체상, 고체상과 같이 세 가지 상이 있는데, 이들 중에서 두 가지 상 사이에 생기는 경계면을 말한다.

이 엄청난 숫자 역시 지난 세기에 바이러스성 질병으로 인한 사망자 수에 비하면 아무것도 아니다.

인간의 평균 수명이 1900년의 47세에서 오늘날에는 77세가 되었다는 사실을 생각해 보자. 전염병의 쇠퇴, 공중 보건 서비스의 개선, 그리고 제2차 세계 대전 후에 다량으로 도입된 항생제에 의하여 평균 수명이 이처럼 비약적으로 길어졌다. 유일하게 예외가 있다면 결핵일 것이다. 2000년에도 1900년과 비슷한 수의 사람들이 결핵으로 사망했다. 오늘날의 인구 규모에 비교한다면 결핵은 오히려 확산되고 있다고 해야 하지 않을까? 전 세계에서 300만 명의 사망자를 낳은 결핵은 현재 박테리아 감염으로 인한 사망률 중 1위를 차지한다.

그런데 박테리아는 왜 병을 일으키는가?

우선, 박테리아는 그 자체만으로 병을 일으킬 수 없다는 사실을 알아야 한다. 신체에 침입하여, 일단 자리를 잡은 박테리아가 발육하여 신체에 해를 입히기 위해서는 일정한 조건이 필요하다. 전염병은 대부분 피부가 찢기거나 손상되었을 때, 또는 스트레스를 비롯한 각종 장애에 의하여 면역 체계가 약해졌을 때와 같이, 정상적인 신체의 방어 체계가 파괴되었을 때 나타난다.

뇌막염을 일으키는 박테리아를 예로 들어보자. 이 박테리아는 평소에는 인체와 좋은 관계를 유지하다가, 일정한 조건이 되면 뇌혈관의 울타리를 통과하여 뇌에 치명적인 손상을 일으킨다.

뇌막염의 또 다른 중요 요인으로 **독성**을 들 수 있다. 독성이란 신체를 감염시켜 건강에 해를 끼칠 수 있는 박테리아의 능력이다. 평소 인체에 무해한 박테리아가 종종 독성이 강한 것으로 변하는 데에는 다음과 같은 두 가지 이유가 있다. 자연적으로는 다른 박테리아가 가진 독성 유전자의 전이 때문이며, 인공적으로는 바실루스 안트라시스(탄저균) 같은 세균 병기를 만들 목적으로 실험실에서 유전자를 조작했기 때문이다.

병을 일으키는 박테리아의 특성은 탄저균에 의해 최초로 증명되었다. 1876년 로베르트 코흐는 오랜 기간의 연구 끝에 당시 유럽에서 많은 사망자를 불러왔던 탄저병의 원인을 밝혀냈다. 그가 이를 위하여 사용했던 방법은 현재 **코흐의 공리**(또는 코흐의 가설이라고도 한다.)라는 이름으로 알려져 있다. 코흐의 공리는 다음과 같은 네 가지 사항으로 이루어져 있다.

① 문제가 되는 질병에는 반드시 그 질병의 원인이 되는 하나의 생물체가 있다.
② 그 생물체를 실험실에서 따로 격리하여 배양할 수 있다.

③ 배양한 박테리아를 실험 동물에 투입하면, 같은 질병을 일으켜야 한다.

④ 질병에 걸린 실험 동물에서 다시 그 박테리아를 분리할 수 있어야 한다.

물론, 이런 원칙에는 많은 예외가 있다. 하지만 이 원칙은 박테리아가 병을 일으키는 요인임을 실험을 통하여 최초로 정의한 것이다. 이는 그 자체만으로도 과학적인 방법이 무엇인지를 보여 주는 훌륭한 예라고 할 수 있다.

어떻게 박테리아가 질병을 유발하는가?

박테리아는 네 가지 다른 방법으로 병을 유발한다.

첫째, 박테리아가 숙주의 세포와 조직을 점령하여 손상시킨다.

둘째, 박테리아는 감염된 신체 부위를 중독시키는 독소를 생산한다.

셋째, 박테리아는 신체 전체를 중독시키는 독소를 생산한다.

넷째, 박테리아는 면역 체계의 조절 기능을 바꾸어 알레르기를 일으키거나 신진대사의 흐름을 망가뜨린다.

네 번째 경우, '박테리아의 슈퍼 항원'이 그 원인으로 알려져 있다. '슈퍼 항원'은 항체의 생산을 과도하게 불러일으키기 때문에 생긴 이름이다. 예를 들어, 연쇄상 구균은 독성 쇼크 증후군*의 원인이 되는 슈퍼 항체를 갖고 있다.

박테리아가 불러오는 병의 주요 요소인 독소 역시 치명적이다. 지구상에 있는 독성 물질 중 현재 알려진 것은 약 220종에 달한다. 흔히 보톡스라고 해서 주름살 제거용으로 사용되기도 하는 독소 A형 보툴리누스는 1마이크로그램(μg)보다 적은 양으로도 사람을 죽음에 이르게 할 수 있다. 따라서 1그램이면 100만 명 이상을 죽이기에 충분하다.

독소란 신체에 직접 해를 입히거나 신체의 올바른 기능을 방해하는 단백질을 말한다. 독소는 외독소(균체 외 독소)와 내

● ● ●

독성 쇼크 증후군 고열, 저혈압, 구토, 복통, 설사, 근육통을 일으키고, 온몸에 붉은 반점이 나는 것을 특징으로 하는 급성 다발성 질환. 15~25세의 생리 중인 여성에게서 주로 나타나며, 흡수력이 높은 탐폰을 사용하는 것과 연관이 있다고 알려져 있다.

독소(균체 내 독소)로 나누어진다.

외독소란 세포막을 통하여 주변으로 확산되는 미생물의 독소를 말한다. 박테리아가 증식할 때에 물질대사에 의하여 균체 밖으로 분비되며, 장(腸) 독소, 세포 독소, 신경 독소 등 세 가지로 나누어진다.

🍎 **장 독소**(엔테로톡신)는 박테리아가 장이나 식품 속에서 번식하여 만드는 독소로, 신체의 영양 체계를 공격한다. 예를 들어, 비브리오 콜레라는 장 세포에 붙어서 물과 전해질에 거부 반응을 일으키는 장독소를 만드는데, 이것이 바로 콜레라를 일으킨다. 비브리오 콜레라에 감염되면 설사가 심해지면서 심각한 탈수증이 찾아오고 때때로 죽음에 이르기도 한다.

🍎 **세포 독소**는 특정 장기(臟器)의 세포에 선택적으로 작용하는 독소로, 감염된 부위의 세포를 죽인다. 성홍열˚을 불러일으키는 연쇄상 구균은 모세 혈관을 손상시키는 독소를 만들어 낸다.

🍎 **신경 독소**는 신경 세포나 신경 조직에 작용하는 독소로 신경

● ● ●

성홍열 용혈성(溶血性, 어떤 병균이나 질환이 적혈구를 파괴하는 것.) 연쇄상 구균이 불러오는 법정 급성 전염병의 하나. 흔히 가을부터 겨울 사이에 어린이에게 유행하는 병으로, 갑자기 고열이 나고 구토를 일으키며, 두통 및 오한이 있고 얼굴이 짙은 다홍빛을 띠면서 피부에 발진이 나타난다.

계의 정상적인 기능을 방해한다. 보툴리누스 독소는 신경 근육 시냅스* 수준에서 신경 전달 물질*의 교환을 방해하여 신체 마비를 초래한다.

내독소는 박테리아 속에 들어 있어 밖으로 분비되지 않는 독소로서 박테리아가 죽어서 그 세포가 파괴될 때에야 비로소 밖으로 나타난다. 콜레라균이나 티푸스균에서 보이는 것처럼 이 독소는 박테리아의 벽에 고정되어 있기 때문에 박테리아가 죽어서 활력을 잃었을 때에도 계속 활동을 한다.

박테리아들이 유전자를 서로 계속해서 교환하는 것은 생명 활동을 하는 한 자연스러운 일이다. 따라서 박테리아는 단지 질병의 매개체이며, 병을 일으키는 진정한 원인은 독소라고 보아야 할 것이다. 따라서 인체에 전혀 영향을 끼치지 않았던 박테리아라 할지라도 거의 우연히 인체에 치명적인 질병을 불러일으킬 수 있다. 단지 독소 유전자가 박테리아에 침투하여 자리 잡기만 하면 이런 일이 언제든지 벌어질 수 있다. 이 현상은

● ● ●

시냅스(synapse) 신경 세포의 신경 돌기 말단이 다른 신경 세포에 접합하는 부위. 이곳에서 한 신경 세포가 받은 충격이 다음 신경 세포에 전달된다.
신경 전달 물질 몸속의 신경 세포에서 나오며, 인접하는 신경 세포나 근육에 정보를 전달하는 물질. 아세틸콜린, 아드레날린, 도파민, 세로토닌 등이 있다.

현재 출현하고 있는 대형 전염병의 가장 중요한 원인 중 하나이다. 좋은 예가 앞에서 언급했던 O157:H7이다. 이 박테리아는 O55:H7일 때에는 인체에 별다른 영향을 끼치지 않았지만, 시가(Shiga) 독소의 유전자가 대장균 O55:H7에 침투하자마자 인체에 치명적인 박테리아 O157:H7로 변형되어 인간을 공격하기 시작했다. 독소 유전자는 자연계에서 아주 미미하게 존재할 뿐이지만, 기회가 있을 때마다 수많은 박테리아를 사용하여 인간을 감염시키고 점령하려고 한다.

따라서 박테리아는 독소 유전자의 숙주라고 할 수 있다. 박테리아가 숙주인 인간을 중독시키거나 죽일 이유가 전혀 없기 때문에, 이렇게 생각하는 것이 당연한 일이다. 숙주가 죽는다면, 박테리아도 마찬가지로 죽기 때문이다. 이러한 가설은 리처드 도킨스가 말하는 **이기적 유전자** 이론을 확실히 증명해 준다. 유전자가 박테리아와 그것에 감염된 숙주를 통하여 자신의 복제물을 증식하여 퍼뜨린다. 특히 전염병은 인간을 이용하여 유전자가 대량으로 자신을 복제하는 좋은 방법이다. 박테리아에 감염된 숙주의 면역 체계를 약화시킬 수만 있다면, 유전자는 증식할 수 있는 좋은 기회를 갖게 되는 것이다. 가령, 콜레라의 독이 있는 유전자가 초래한 설사는 주변의 물을 오염시킴으로써 많은 사람들이 이 유전자의 숙주가 되도록 하는 것이다.

2

인간은 박테리아 없이
살 수 있을까?

우리 몸속에는 얼마나 많은 박테리아가 있는가?

박테리아는 출산 때부터 질관(腟管)을 통하여 인간의 신체를 점령하며, 48시간 후에는 장까지 도달한다. 박테리아는 대략 인간 체중의 10퍼센트를 차지한다. 세포를 중심으로 놓고 보면, 인간 몸에 있는 박테리아의 세포 수(10^{14})는 인간의 세포 수보다 열 배나 많다. 또 유전자를 중심으로 놓고 말하면, 박테리아의 유전자 수는 역시 인간의 유전자 수보다 열 배가 많다. 따라서 인간은 자신의 몸에서조차 소수에 지나지 않는다.

어쨌든 인간 신체에는 약 400~1000여 종에 이르는 박테리아들이 살고 있으며, 그것들은 신체 기능에 직간접으로 커다란 영향을 미친다. 이 같은 미생물의 비중을 생각해 보면, 어디까지가 인간의 신체에 해당하고 어디까지가 미생물에 해당하는

지 잘 알 수 없게 된다. 어떻게 보면 인간 신체에 같이 살고 있
는 박테리아는 인체의 하부 기관을 이루고 있다고까지 할 수
있지 않을까?

이러한 생각은 그다지 엉뚱한 것이 아니다. 인간의 장(腸) 무
게의 50퍼센트가 박테리아에 해당된다면, 장과 박테리아를 생
리적으로 구분하는 것이 가능할까? 상호 보완적인 기능을 하
는 같은 기관의 두 부분이라고 생각하는 게 더 옳지 않을까?
장과 박테리아가 어우러져서 일종의 '슈퍼 기관'을 형성하고
있는 것은 아닐까?

1958년에 노벨 생리 의학상을 수상한 조슈아 레더버그는 이
러한 질문 끝에 인간이란 서로 다른 종에서 유래한 서로 다른
세포들로 이루어진 **슈퍼 유기체**라는 결론에 이르렀다. 그는 다
음과 같이 말했다.

인간을 단순한 유기체 이상으로 생각한다면, 철학의 영역은
크게 확대될 것이다. 인간은 인간 자신의 세포뿐만 아니라, 몸
속에서 함께 살고 있는 박테리아 유전체와 바이러스 유전체 전
체를 포함하는 광범위한 유전체를 갖고 있는 슈퍼 유기체이다.

박테리아를 인간 신체의 연장(延長)이라고 할 수 있을까? 달

리 표현하자면, 우리는 박테리아에 종속된 것인가? 그렇다면 어떤 식으로 종속되었는가?

이 질문들에 답하려면, 우선 **공생**부터 이해해야 한다. 공생은 둘 이상의 다른 종이 서로 긴밀한 관계를 맺고 함께 생활하는 것을 말한다. 공생에는 두 가지 유형이 있다. **상리 공생**은 집게와 말미잘처럼 공생하는 종들이 서로 이익을 주고받는 경우를 말하며, **편리 공생**은 왕관물고기와 말미잘처럼 한 종은 이익을 얻지만 다른 종은 이익도 피해도 받지 않는 경우를 말한다. 공생과 비슷한 경우로 기생이 있다. **기생**이란 한 종이 다른 종의 희생을 통하여 이익을 얻는 관계를 말한다. 슈퍼 유기체는 이중 상리 공생과 깊은 관계가 있다.

박테리아는 어떻게 인간과 함께 살아가는가?

박테리아는 다양한 서식 환경에서 번식한다.

감염에 대항하는 첫 번째 방어선인 피부는 거꾸로 박테리아로 뒤덮여 있다. 피부에 서식하는 박테리아는 미생물 감염 예방 물질, 즉 항균 물질을 내보냄으로써 다른 박테리아가 피부에서 생존할 수 없도록 만든다. 피부에 가장 많은 박테리아 종은 포도상 구균과 단 구균이다. 예를 들어, 피부에 흔히 존재하는 '프로피오니박테리움 아크네' 같은 황색 포도상 구균은 여드름을 일으킨다.

침은 매우 강력한 항균 물질의 특성을 갖고 있다. 하지만 입안은 정말 박테리아의 온상이다. 1밀리리터의 침에 박테리아가 약 1억 개체나 서식한다고 하니 놀랍지 않은가!

혀, 치아, 잇몸에도 박테리아들이 여러 종 살고 있다. 그중에서 두 종의 연쇄상 구균이 충치를 일으킨다. 입에 들어온 당분을 소화하여 덱스트란*을 만들어 내는 뮤탄스 균은 치석 형태로 치아에 달라붙어 있다. 반 레벤후크가 현미경을 통하여 발견한 박테리아가 바로 뮤탄스 균이다. 충치란 뮤탄스 균이 당분을 소화하는 과정에서 생기는 산이 치아를 녹이는 것을 말한다.

호흡기에도 역시 박테리아들이 살고 있다. 그중 연쇄상 구균인 폐렴 구균은 폐렴을 일으키며, 수막 구균은 뇌막염을 일으킨다.

● ● ● ●

덱스트란 박테리아가 사탕을 분해하는 과정에서 나타나는 다당류의 하나이다. 심한 출혈, 쇼크 따위에 혈청 대신 사용되기도 한다.

위는 산도(酸度)가 너무 높아 생물이 도저히 살 수 있을 것 같지 않지만 실제로는 수많은 박테리아들이 살고 있다. 그중에서도 위와 창자를 함께 포함하고 있는 위장관(胃腸管)에서 특히 많은 박테리아들을 발견할 수 있다.

인간 신체에서 가장 많은 박테리아가 사는 곳이 장이다. 장에 사는 박테리아는 거의 1000종에 이르는데, 그중 99퍼센트는 소화에 중요한 역할을 하는 박테로이디스와 푸조박테리아이다. 맹장과 직장 사이에 있는 결장 속의 물질 1그램에는 $10^9 \sim 10^{11}$ 개체의 박테리아가 존재하며, 대변의 30~70퍼센트 역시 박테리아로 이루어져 있다.

1밀리리터에 10^8개체의 박테리아가 있는 요도와 질 끝부분을 제외하면, 비뇨 생식 기관은 무균 상태이며 정상적인 상태에서는 박테리아가 살지 못한다. 락토바실루스는 질 감염의 주요 원인 균인 칸디다와 같은 박테리아가 질을 점령하는 것을 방해한다.

한편 눈, 특히 각막에는 포도상 구균, 연쇄상 구균, 그리고 특히 나이세리아가 산다. 우리가 어떤 것을 바라볼 때, 이는 사실 박테리아를 통하여 바라보는 것이다.

나노 박테리아에 감염될 경우를 제외하면, 이론적으로는 심장, 뇌, 척추, 콩팥, 방광 역시 무균 상태이다. 무기화(無機化)

과정에서 생겨나는 이러한 나노 박테리아들은 심장과 콩팥에 질병을 유발하는 원인이 된다.

박테리아는 어떻게 인간에게 도움이 될까?

박테리아는 인간 신체 내부에서 세 가지 중요한 기능을 수행한다.

첫째, 박테리아는 인간에게 비타민 K와 B_{12} 같은 필수 영양소를 제공한다.

둘째, 박테리아는 인간의 소화 활동을 근본적으로 도와준다. 박테로이디스 테타이오타오미크론은 장에서 복합 탄수화물을 단당류와 지방산으로 변화시켜 흡수할 수 있게 해 준다. 또 군체를 이루고 사는 몇몇 박테리아 종은 인간이 소비한 음식 중에 쉽게 소화되지 않는 섬유질을 구성하는 섬유소를 발효하여 그것을 소화시키고, 그 결과 수소, 이산화탄소, 메탄을 만든다. 성인 한 사람은 매일 500~1500밀리리터의 가스(방귀)를 발산한다.

하지만 박테리아의 가장 놀랍고 중요한 기능은 보호이다. 신체가 외부의 박테리아에 감염되는 과정은 다음과 같은 다섯

단계를 거친다.

① 점착 : 박테리아가 피부나 점막에 달라붙는다.

② 침입 : 박테리아가 신체 속으로 들어간다.

③ 도피 : 박테리아가 면역 체계의 공격에서 벗어난다.

④ 전이 증식 : 폐와 같은 목표 조직에 고착한다.

⑤ 독소 형성 : 잠복기 후에 증상 출현의 원인이 되는 물질을 만든다.

인간의 신체에 있는 박테리아는 경쟁, 성장 저해, 포식, 기생이라는 네 가지 시스템을 통하여 외부의 박테리아로부터 신체를 보호해 준다. 이를 하나하나 살펴보자.

먼저 **경쟁**에 대해 살펴보자. 옛 소련의 과학자 가우스는 수많은 실험을 통하여 경쟁하는 두 종(種)은 같은 장소, 같은 시간에서 같은 방법으로 공존할 수 없음을 발견했다. 다시 말해, 생태학적으로 같은 종은 같은 서식지에 함께 공존할 수 없다는 것이다. 이를 '가우스의 법칙' 또는 '경쟁 배제의 법칙'이라고 한다.

이 법칙에 따라 박테리아는 인체라는 공간을 차지하기 위하여 다른 미생물들과 경쟁한다. 그런데 인체에 침투하는 박테

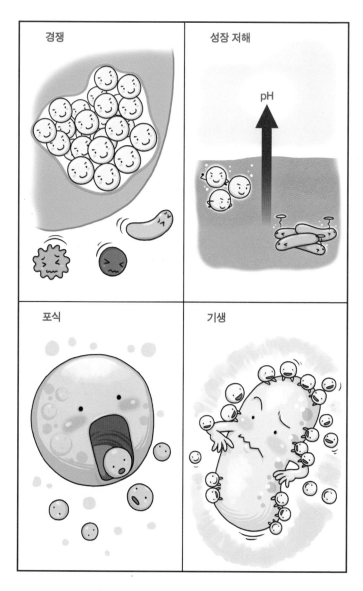

우리 몸속에 있는 박테리아는 위의 네 가지 시스템을 통해
외부 박테리아로부터 우리 몸을 지켜준다.

리아들은 인체에 이미 자리 잡고 있는 박테리아를 물리치기에
는 수적으로 크게 부족하다. 그러므로 특별한 경우가 아니면
외부 박테리아들은 인체에서 번식하고 영역을 차지하여 **생명
막**(生命膜)을 형성하는 데 실패하게 마련이다. 이때 생명막이란
어떤 것 위에 박테리아들이 군집하여 이룬 콜로니*를 말한다.
우리는 이런 콜로니를 자연 곳곳에서 관찰할 수가 있다. 치아
의 프라그, 고여 있는 물, 샤워 커튼의 표면 등.

일단 콜로니가 형성되면, 박테리아는 항생 물질과 숙주의
방어력에 저항할 수 있게 된다. 따라서 질병의 원인이 되는 박
테리아 콜로니는 어쩌면 박테리아 그 자체라고 볼 수 있다. 콜
로니를 이루려면 박테리아는 서로를 알아볼 수 있어야 하고,
그럴 수 있는 화학 물질을 주고받아야 한다. 박테리아 사이에
서 일어나는 이러한 화학 물질의 전달 과정을 **정족수 감지**(quo-
rum sensing)라고 한다. 정족수 감지를 통하여 박테리아 콜로니
는 서로 행동을 일치시키면서, 다세포 생물과 똑같이 행동한
다. 그렇다면 박테리아들이 화학 물질을 주고받는 것을 방해하

● ● ● ●

콜로니(colony) 한 지역을 어느 기간 동안 점유하는 종으로 이루어진 생물 집단.

기만 하면 콜로니의 형성을 억제할 수 있을 것이고, 박테리아 감염으로 인한 질병으로부터 신체를 보호할 수 있을 것이다. 따라서 정족수 감지 프로세스를 정확하게 파악하는 것은 의학에 새로운 기회를 제공하고 있다.

🍎 편리 공생의 반대 개념인 **성장 저해**는 독소를 생성하거나 '침략자'에게 불리하도록 환경을 조작함으로써 한 종이 다른 종을 제외하는 것이다. 가령, 장에서 번식하는 혐기성 박테리아는 살모넬라나 그람 음성균에 속하는 몇몇 박테리아들이 자리 잡지 못하도록 장 속의 산도(酸度)를 바꾼다.

🍎 **포식**과 **기생**은 자주 마주칠 수 있는 보호 시스템은 아니다. 포식은 한 박테리아가 다른 박테리아를 잡아먹는 것을 뜻하며, 기생은 작은 박테리아가 더 큰 박테리아를 점령함으로써 성장을 억제하는 것을 뜻한다.

인간은 박테리아 없이 살 수 있을까?

인체를 점령한 박테리아가 대부분 이로운 것이라고 할지라도, 인간의 생존에 박테리아가 필수적인 것은 아니다. 이것은 완전 무균 상태에서 제왕 절개 수술로 꺼내 박테리아가 침투할

틈을 전혀 주지 않은 무균 동물을 보면 확실하게 알 수 있다. 이와 같은 동물에 대한 연구를 통하여, 우리는 감염에 저항할 때, 소화할 때, 신체가 성장할 때 인간의 몸과 박테리아 사이에서 이루어지는 상호 작용을 깊이 이해할 수 있게 되었으며, 박테리아가 신체가 정상적으로 기능하는 데 필수적인 것은 아닐지라도 상당히 중요한 역할을 한다는 것을 알게 되었다.

가령, 무균 쥐와 정상 쥐를 똑같이 살모넬라 티피뮤리움에 감염시킨 후 비교해 보자. 정상 쥐를 병들게 하는 데에는 100만 개체의 박테리아가 필요한 데 반해, 무균 쥐의 경우에는 단 10개체만으로도 충분했다. 또 박테리아를 1억 개체로 증가시켜야만 정상 쥐가 죽는다는 사실도 관찰할 수 있었다.

이 엄청난 차이를 단지 몸속에 있는 박테리아와 외부에서 침입한 살모넬라 사이의 경쟁만으로 설명할 수는 없다. 사실 무균 동물은 장의 면역 체계가 거의 발달하지 않았기 때문에 박테리아 감염에 저항하기 어렵다. 게다가 정상 동물의 작은창자에는 미생물 감염을 예방하는 독소인 항생 물질을 만들어 내는 '파네스 세포'가 있다. 정상 장내 세균총⁎은 파네스 세포가 만들어 내는 항생 물질에 저항하는 한편, 파네스 세포가 항생 물질을 만들어 내는 데 필수적인 조건이기도 하다. 인간이 본래 몸속에 갖고 있던 세균총은 면역 체계를 자극하여 항생 물질을 생산하도록 유도함으로써 신체를 보호하는 역할을 한다. 장내의 이러한 메커니즘은 내부 박테리아와 외부 박테리아 사이의 경쟁보다 더 직접 신체를 보호하며, 내부 박테리아들이 일종의 보조 면역 체계를 형성한다는 것을 암시하고 있다. 따라서 다음과 같은 흥미진진한 의문이 생긴다. 면역 체계가 생산하는 항생 물질이 인체에 해가 되는 침입자를 효과적으로 제거하는 동시에 인체에 유용한 세균총은 해치지 않도록 하기 위하여, 인간의 신체와 박테리아는 서로 어떻게 소통하는가? 이 소통 메커니즘을 확실히 밝히기만 하면 질병의 치료에 혁명적인 결과를 가져올 것이기 때문에 전 세계의 기초 의학자들이 관련 분야의 연구에 매진하고 있다.

무균 동물은 '슈퍼 유기체'라는 가설을 증명하는 훌륭한 증거이다. 사실 인간의 몸속에 박테리아들이 서식하는 것 자체가 인간의 건강을 현저하게 좋게 만든다. 박테리아들이 없다면 신

• • •

정상 장내 세균총(定常腸內細菌叢) 보통 사람의 장에는 100조 개체에 이르는 엄청난 수의 박테리아들이 살고 있다. 이들은 자기 증식을 계속하면서도 서로 다른 박테리아의 증식을 견제한다. 따라서 환경에 급격한 변화가 없는 한 이들은 거의 일정한 비율을 유지해 가며 장내에서 공생한다. 이렇게 건강한 사람의 장 속에 서식하는 박테리아 군집을 의학 용어로 '정상 장내 세균총'이라고 한다.

체의 신진대사는 완전히 악화될 것이다. 무균 쥐가 정상 쥐와 같은 체중을 유지하려면 칼로리를 매일 30퍼센트 정도 추가로 섭취 해야 한다. 무균 쥐의 경우, 영양소를 흡수하기 위한 모세 혈관이 크게 부족하기 때문에 박테리아들 간의 영양분 수송이 부분적으로 현저히 느리게 이루어진다. '박테리아가 살지 않 는' 개체들이 빼앗긴 이러한 이점이 종의 진화에 극히 중대한 역할을 한 것은 분명하다.

진화는 자연 선택에 달려 있다. 몇몇 특성들이나 표현형®은 자연 상태에서 어떤 유기체가 생존할 확률을 높여 준다. 이런 표현형을 결정하는 것은 그 유기체의 유전자이다. 유기체의 생 존 확률을 높여 주는 이러한 유전자는 복제될 때마다 생존에 유리한 유전 물질을 증식시킨다. 따라서 자연 선택이란 생존에 이점이 있는 표현형의 유전자가 더 많이 퍼지는 과정이라고 할 수 있다. 종의 진화란 그 결과일 뿐이다. 박테리아에게 신체를 점령당한 채 살아가는 것이 상대적으로 뇌가 크다든지, 두 발 로 걸을 수 있다든지 하는 표현형들이 인간 신체에 주는 것만

● ● ●

표현형 유전학에서 유전체의 성질을 무시하고 단순히 겉으로만 드러나는 형태 적, 생리적 성질.

큼이나 커다란 이점을 주는 것일까? 몇몇 과학자들은 그렇다고 답한다. 그들에 따르면, 박테리아의 존재는 인간 신체의 표현형들 중 하나이다.

3

박테리아는 어떻게 인간을
진화시켰을까?

어떻게 박테리아가 인간의 친구가 되었을까?

이 물음에 답하는 두 가지 유력한 가설이 있다.

첫째, 인간이라는 '확장된 표현형'은 박테리아 덕분에 진화했으므로 인간과 박테리아는 서로 떼어 놓고 생각할 수 없다는 것이다.

확장된 표현형이란 리처드 도킨스가 '이기적인 유전자'라는 개념을 보완하기 위하여 『확장된 표현형』이라는 책에서 주장한 개념이다. 어떤 개체에 나타나는 표현형은 유전자가 자신을 보존하기 위하여 그것을 포함하는 생물체에 영향을 미친 결과이다. 따라서 한 표현형의 효과는 원칙적으로 그 표현형이 드러나는 개체에 한정되어 나타날 수밖에 없다. 이 표현형이 '확장'되었다는 것은, 유전자가 염색체나 세포에만 영향을 미치는 것이 아니라 그보다 넓은 범위인 개체, 집단, 군집에도 영향을 미친다는 뜻이다. 한 집단이 파괴되면 그 안에 있는 모든 개체들도 파괴될 수밖에 없기 때문에, 이기적 유전자는 개체를 넘어서 집단에까지 영향을 미치게 진화한다고 볼 수밖에 없다는 것이다.

비버가 강에 짓는 댐은 확장된 표현형의 좋은 예이다. 우리는 이런 현상을 **둥지 틀기**라고도 부른다. 어쩌면 진화 자체가 둥지 틀기의 과정이라고 할 수도 있을 것이다. 이런 생각에 따르면, 인간은 박테리아가 환경 안에서 진화하기 위하여 튼 둥지인 셈이다.

따라서 인간이란 신체 안에서 진화한 박테리아의 결과라고 할 수 있다. 인간이라는 둥지는 박테리아의 진화에 유리하다면 좀 더 연장될 수도, 오래 지속될 수도 있다. 다시 말해 인간이라는 둥지를 틂으로써 박테리아는 지금까지 개체 수를 늘릴 수 있는 가능성을 키우고, 종을 다양화할 수 있는 능력을 진화시킬 수 있었다는 것이다.

어쨌든 '확장된 표현형'이나 '둥지'와 같은 개념을 이용하면 어떻게 박테리아들이 자신을 진화시키면서, 인간을 병들게 하거나 죽지 않게 하는지 설명할 수 있을 듯하다. 하지만 이 첫 번째 가설은 과학보다는 대개 은유에 기초를 두고 있다.

둘째, **붉은 여왕 가설**은 더 엄격한 과학적 논리를 따른다. 붉은 여왕 가설을 따르는 연구자들은 박테리아와 인간이 치열한 경쟁을 통하여 함께 진화했다고 주장한다. 이는 한 종의 진화가 다른 종의 진화를 자극하는 **공진화**라고 할 수 있는데, 그 결과로 두 종이 모두 이익을 보는 것은 순전히 우연일 뿐이다.

'붉은 여왕'이라는 말은 동화 작가인 루이스 캐럴이 쓴 『거울 나라의 앨리스』에서 빌려온 표현으로, 주인공인 앨리스가 만난 체스 판의 말 이름이다. 붉은 여왕은 그리스 신화에서 영원히 바위를 산 위로 굴려 올리는 형벌을 받은 시시포스의 거울상으로, 끝없이 앞으로 달려가지만 주변 환경도 함께 앞으로 달려가기 때문에 영원히 같은 자리에 머물러 있는 운명을 타고났다.

이 말을 진화를 설명하는 데 최초로 이용한 사람은 미국의 생물학자 밴 베일른이다. 진화의 개념으로 보면, 붉은 여왕이란 어떤 종이 진화하게 되면 그 종에 종속되어 있거나 경쟁 관계에 있는 다른 모든 종들도 반드시 진화하게 된다는 것을 뜻한다. 종착점도 승자도 없는 이 달리기 경주에서는 경주자끼리는 항상 단결하여 함께 달리며, 패자는 영원히 경기장에서 사라져 버린다(멸종한다).

그런데 붉은 여왕 가설에 따르면, 달리기 경주는 항상 그 종

앞으로 나가기 위해서가 아니라 뒤떨어지지 않기 위하여
한없이 달려야 하는 붉은 여왕처럼 인간은 자신을 위협하는
박테리아의 진화에 발 맞춰 끊임없이 진화해 왔다.

과 가장 가까운 이웃 간에 일어난다. 인간의 가장 가까운 이웃은 박테리아이다. 따라서 인간과 박테리아가 함께 달리는 경주는 생식과 면역 체계의 진화를 불러일으키는 원인이 된다. 어떻게 그렇게 될까?

유성 생식이 나타난 것은 약 10~20억 년 전이다. 그런데 무성 생식에서 유성 생식으로 진화하는 데에는 박테리아가 결정적인 역할을 했다. 성(sex)은 박테리아의 기생에 대한 숙주의 반응으로부터 출현한 것이다. 암컷이나 수컷과 같은 성은 한집단 안에서, 각 개체의 유전체 한복판에서 종을 다양하게 만들기 위해 나타난 메커니즘에 해당한다.

잘 알려져 있듯이, 박테리아의 생존은 숙주를 알아보고 감염시켜 점령하는 능력에 달려 있다. 그런데 한 종이 암컷과 수컷으로 분화하여 서로 유전자를 뒤섞는 등 다양성을 가지면 박테리아는 각 개체들을 알아보기 어렵게 되며, 그 결과 감염시킬 수 있는 숙주를 판단하기 힘들어진다. 따라서 박테리아의 감염에 저항하는 개체들이 살아남을 확률이 높아지면서 그 유전자가 후세로 전달된다. 박테리아가 우리의 신체를 점령하기 위하여 적응했기 때문에, 그에 발맞추어 우리의 신체 역시 박테리아의 점령에서 벗어나기 위하여 적응한 것이다. 그러나 그렇게 함으로써 우리의 신체는 박테리아에게 진화를 통하여 다시 한 번 우리를 점령할 수 있는 기회를 제공하는 것이다. 이처럼 성의 작용에는 패자가 없다.

척추 동물의 면역 체계는 약 4억 5000만 년 전에 처음으로 그 흔적이 보인다. 하지만 현재와 비슷한 수준의 면역 체계는, 약 2억 년 전에 박테리아와 경쟁하는 와중에 진화해서 나타났다. 이 경쟁이 어떻게, 왜 시작되었는지는 아무도 알 수 없지만 생식 체계의 진화와는 달리 승자가 모든 것을 빼앗는 형태의 경기이다. 박테리아가 면역 체계를 무너뜨리면 감염이 나타나고, 면역 체계가 박테리아에 승리하면 건강을 유지하게 된다. 박테리아는 계속해서 진화함으로써 면역 체계가 끊임없이 방어선을 다양화할 것을 강요하며, 면역 체계가 다양화할수록 박테리아는 면역 체계의 방어선을 뛰어넘으려고 애쓴다. 이런 식으로 해서 진화한 면역 체계 덕분에 대부분의 박테리아는 인간을 죽이지 못한다. 또 앞에서 살펴본 것처럼 인간만큼이나 박테리아도 이 면역 체계를 이용하여 외부의 침입자를 물리치고 자신의 종을 보존하고 있다.

요컨대 앞으로 나가기 위해서가 아니라 뒤떨어지지 않기 위하여 한없이 달려야 하는 붉은 여왕처럼 인간은 자신을 위협하는 박테리아의 진화에 발 맞춰 끊임없이 진화해 왔다. 박테리아는 인간에게 성의 진화와 면역 체계의 발달을 가져옴으로써 서식 환경을 다양화하여 자신의 생존 가능성을 높여 온 것이다.

인간은 '슈퍼 유기체'인가?

인간이 인체일 뿐만 아니라 **미생물체**일 수도 있다는 생각은
진화론에 새로운 빛을 던져 주었다.

전통적으로 생물학자들은 진화를 경쟁 관계에 있는 유기체
들에게 작용하는 **자연 선택**의 과정으로 간주했다. 유기체들을
생존 투쟁에 참여하도록 강요하는 자연은 가장 적응을 잘한 것
과 가장 강한 것에게 승리를 준다. 하지만 붉은 여왕 가설은 이
를 부정하고 유기체가 환경에 개별적으로 반응하여 진화하는
것이 아니라 전체 속에서 각 개체가 다른 개체의 진화 정도에
따라 적응한다고 주장한다. 하지만 붉은 여왕 가설을 따르더라
도 여전히 자연 선택은 개별 유기체와 그 유전자에 따로따로
작용하고, 가장 잘 적응한 개체에게 유리하게 작용한다.

슈퍼 유기체 가설은 자연 선택이 개별 유기체에 작용할 뿐
만 아니라 두 종 또는 훨씬 더 많은 종의 유전자에 동시에 영향
을 준다고 주장한다. 이러한 자연 선택의 형태를 진화 생물학
에서는 **공생 발생설**이라고 한다. 박테리아 유전자와 그 유전자

를 포함하고 있는 숙주가 '슈퍼 유기체'로 얽혀서 함께 진화한다는 것이다.

그런데 이 가설이 유효하려면 슈퍼 유기체가 그것을 구성하는 개별 유기체보다 더 잘 적응한다는 것을 증명해야만 한다. 다시 말해 개별 유기체가 얻는 이익 전체가 슈퍼 유기체가 얻는 이익 전체보다 적어야 한다.

상호 의존하고 있지만 결국 개별 유기체에 귀속되는 이익은 두 유기체 간의 오랜 협력을 보증하는 데에는 충분하지 않다. 붉은 여왕 가설에서 우리는 협력 관계가 종종 경쟁 관계로 바뀌는 것을 목격할 수 있다. 서로 공생하던 유기체들이 약간씩 이익의 불일치를 보인 끝에 결국에는 공생 관계가 무너져서 둘 사이의 생리적인, 육체적인 분리를 가져오는 것이다.

따라서 자연 선택은 단지 한 개체와 그 유전자 수준에서만 작용하는 것이 아니라 공생 그룹의 유전자 전체(미생물체) 수준에서 이루어진다고 생각할 수 있다. 슈퍼 유기체를 시작으로, 둘 또는 그 이상의 박테리아가 합쳐져 하나의 유기체를 형성한 진핵 생물에 이르기까지 이러한 가능성을 증명해 주는 증거는 아주 많다. 이러한 공생 유기체는 생존을 위한 투쟁에서 가장 잘 적응하는 종의 선택 단위가 된다. 이러한 '공생 선택'의 과정은 진화가 이루어지는 동안 계속 진행되어 왔으며 앞으로도 계속 진행될 것이다. 양이나 소와 같은 반추 동물의 위는 이러한 공생 선택의 과정을 증명한다. 반추 동물은 섬유소를 소화하기 위하여 전적으로 박테리아에 의존하고 있으며, 네 구역으로 되어 있는 그들의 위는 박테리아를 '배양하기'에 알맞게 특수하게 진화했다. 박테리아가 없으면, 반추 동물은 절대로 존재할 수 없을 것이다.

박테리아가 인간의 조상일까?

인간 유전체에 속한 유전자 3만 5000개를 살펴본 결과, 처음의 기대와는 달리 오히려 박테리아와 인간 사이의 구분이 더욱더 모호해지고 있다. 인간 유전자의 상태를 관찰한 결과, 박테리아의 잔재인 미토콘드리아의 존재를 예외로 하더라도, 무려 223개의 유전자가 박테리아에서 기원했다는 것이 밝혀졌다. 따라서 인간 유전자의 약 0.5퍼센트는 직접 박테리아에서 유래했다고 할 수 있다.

이러한 사실은 과학자들 사이에 격렬한 논쟁을 불러일으켰다. 우리가 생각했던 것과 달리, 이 유전자들은 박테리아 세포와 인간 세포 사이의 교환을 통해 인간 유전체에 통합된 것(간접 전달)이 아니라 인간의 먼 조상인 박테리아가 그대로 살아 남은 것(직접 전달)이기 때문이다. 박테리아는 그 자체가 인간 유전 형질의 한 부분을 이루고 있다.

게다가 박테리아에서 직접 유래한 유전자들은 인체에 유용한 것임에 틀림없다. 그렇지 않았다면 아마도 벌써 오래전에 인체는 그 박테리아들을 내쫓았을 것이다. 그렇다면 이 유전자들은 인체에 어떤 역할을 할까? 그 유전자들 중 하나인 모노아민 산화 효소는, 박테리아에서는 아미노산 신진 대사에 중요한 역할을 하지만, 인체에서는 도파민처럼 뇌 속에서 신경 전달 물질의 농도를 조절한다. 이처럼 같은 유전자라 할지라도 박테리아와 인체에서 상당히 다른 역할을 하며, 이것이 바로 진화의 유력한 증거가 된다. 똑같은 생물체가 새로운 생물학적인 요구에 답하기 위하여 각자 적응한 것이다.

박테리아를 어떻게 이용할 것인가?

20세기에 고초균과 대장균은 세포 생화학과 분자 생물학의 발전에 근본적인 역할을 했다. 이 두 종에 대한 연구는 생물학과 생명 공학에 혁명을 불러일으켰다. 오늘날에는 이들을 이용하여 박테리아 유전자를 조작함으로써 산업, 의학, 과학에 쓰이는 다양한 물질들을 대량으로 만들 수 있게 되었다.

바이오 환경 기술은 전염성과 독성이 있는 물질을 줄이기 위해 박테리아를 사용하는 새로운 기술이다. 이 기술은 박테리아를 이용하여 물 속의 기름을 흡수하거나 다 쓴 기름의 독성을 제거하고 천연 가스로 변화시키며, 살충제 및 제초제의 부작용을 줄이거나 유모(油母), 톨루엔 또는 시안화물 같은 산업 폐기물을 중화한다. 흙에 사는 어떤 박테리아는 우라늄과 중금속으로부터 땅과 물의 오염을 방지한다. 우리는 이 박테리아들 덕분에 인간 활동으로 인한 오염 문제를 해결할 수도 있다는 희망을 갖게 되었다.

농업에 이용되는 박테리아들도 있다. 고초균은 현재 특정 해충을 공격하면서 인간에게 거의 해를 주지 않는 미생물 살충제로 사용되고 있으며, 질소를 고정하는 어떤 박테리아를 이용하여 농산물의 생산성을 높이고 있다. 가령, 유전자를 조작한 리조비아(뿌리혹박테리아)와 밀접한 관계를 유지하며 자라는 콩과 식물은 무려 생물량이 50~75퍼센트나 증가했다. 이러한 유전자 조작 박테리아는 저개발 국가에서 기아 문제를 해결할 수 있을 것이다.

또 박테리아는 특히 박테리아 감염에 의한 전염병을 치료하는 데 도움을 준다. 이러한 치료법을 일컬어 **생균제 치료법**(생균제는 '항생 물질'의 반대말이다.)이라고 하며, 항생제가 잘 들지 않는 박테리아 문제가 심각해지면서부터 다시 사람들의 주목을 끌게 되었다. 박테리아 사이에서는 유전자 교환이 쉽고 빠르게 이루어지기 때문에 항생 물질에 저항성을 갖는 병원체들이 급속히 확대되고 있다. 게다가 의사나 수의사들이 항생제를 과도하게 사용함으로써 이러한 유전자의 수는 폭발적으로 증가했다. 이 역시 붉은 여왕 효과라고 할 수 있다. 최근 프랑스에서 발견된 아키네토박터 바우마니이라는 박테리아는 거의 모든 항생제에 저항성을 갖고 있다. 이 박테리아는 환자를 치료하거나 간호하다가 감염되는 경우가 많다. 이와 같이 오늘날의 병원은 애석하게도 본래 의도와는 상관없이 의사, 간호사를 매개로 하는 전염병의 보고가 되었다. 프랑스에서는 병원 환경에서 감염되는 전염병으로 인하여 매년 약 1만 명의 사망자가 발생한다. 어떤 전염병 전문가에 따르면, 앞으로 십여 년 동안 개발될 항생 물질의 대부분 또는 전부가 이 전염병에 대항할 능력이 없다고 한다. 이러한 '항생제의 위기'는 상당히 아이러니하다. 우리는 지금 현재의 전염병을 치료하기 위하여 더 많은 사람들을 죽게 할 수도 있는 짓을 하고 있는지도 모르는 것이다!

따라서 새로운 항박테리아 물질을 발견하고, 새로운 치료 전략을 개발하는 것은 시간을 다투는 일이다. 그래서 많은 사람들이 현재 '좋은' 박테리아의 도움으로 '나쁜' 박테리아와 싸우는 치료법을 찾아내려고 애쓰고 있다. 또 박테리아에 감염된 조직과 기관에 직접 대처할 수 있도록 그 박테리아에 기생하는 바이러스의 유전자를 조작하는 치료법도 연구 중이다. 수많은 의학자들이 이러한 방법으로, 만성 설사같이 소화 기관에 관련된 병이나 에이즈같이 면역 체계에 관계된 병, 또는 대장암, 방광암, 유방암과 같은 종양 등을 치료할 수 있기를 희망하고 있다. 아직까지는 박테리아를 이용하는 치료법이나 그 효과를 증명해 주는 것은 별로 많지 않다. 하지만 곧 인류가 희망의 팡파르를 울릴 날도 그리 멀어 보이지는 않다.

　과연 생명 공학을 이용한 새로운 치료법이 조류 인플루엔자나 사스 등과 같은 현재 인류가 직면한 문제들을 해결할 수 있을까? 아니면 이 기술들은 혹시 인류를 올더스 헉슬리가 『멋진 신세계』에서 묘사한 것과 같은 끔찍한 낙원으로 인도하는 것은 아닐까? 여기서 확실하게 말할 수 있는 것은 인류의 미래는 박테리아에 달려 있다는 것이다.

더 읽어 볼 책들

- 이재열, 『바이러스, 삶과 죽음 사이』(지호, 2005).

- 이재열, 『우리 몸 미생물 이야기』(우물이 있는 집, 2004).

- 천종식, 『고마운 미생물, 얄미운 미생물』(솔, 2005).

- 로버트 버크만, 이은주 옮김, 『우리 몸 기생생물에 대한 관찰 노트』(휘슬러, 2004).

- 리처드 도킨스, 홍영남 옮김, 『이기적인 유전자』(을유문화사, 2002).

- 리처드 도킨스, 홍영남 옮김, 『확장된 표현형』(을유문화사, 2004).

- 린 마굴리스 · 도리언 세이건, 홍욱희 옮김, 『섹스란 무엇인가』(지호, 1999).

- 린 마굴리스 · 도리언 세이건, 황현숙 옮김, 『생명이란 무엇인가』(지호, 1999).

- 매트 리들리, 김윤택 옮김, 『붉은 여왕』(김영사, 2002).

- 매트 리들리, 신좌섭 옮김, 『이타적 유전자』(사이언스북스, 2004).

- 메리언 캔들, 이성호 · 최돈찬 옮김, 『세포 전쟁 — 인체는 어떻게 질병과 싸우는가』(궁리, 2004).

- 에릭 슐로서, 김은령 옮김, 『패스트푸드의 제국』(에코리브르, 2001).

- 칼 짐머, 이창희 옮김, 『진화』(세종서적, 2004).

- 톰 웨이크퍼드, 전방욱 옮김, 『공생, 그 아름다운 공존』(해나무, 2004).

논술·구술 시험은 논리적이고 종합적인 사고를 요구한다. 다음에 제시된 문제는 이 책의 주제와 연관이 있는 논술·구술 기출 문제이다. 이 책을 통하여 습득한 과학적 지식과 원리, 입체적이고 논리적인 접근 방식을 활용하여 스스로 문제에 답해 보자.

▶ 슈퍼 박테리아가 생기는 이유를 말해 보시오.

▶ 미생물의 특성과 그 특성을 이용한 산업의 미생물 용도에 대하여 말하시오.

▶ 독립 영양 생물과 종속 영양 생물 중 어느 것이 먼저 탄생하였는지 말해 보시오.

▶ 화학적 진화와 생물학적 진화에 대해 설명하시오.

▶ 생물체는 생존을 위해 에너지를 필요로 한다. 생물체에서 에너지란 무엇을 말하는지 물리화학적으로 설명하고 공기, 햇빛이라는 주어진 환경을 근거로 에너지 획득 과정의 관점에서 어떻게 다른지 설명해 보시오.

옮긴이 | 김희경

성심여대(현 가톨릭대학교) 불문학과를 졸업했으며, 프랑스 피카르디 대학에서 박사 과정을 수료했
다. 현재 전문 번역가로 활동 중이다.

민음 바칼로레아 03

박테리아는 인간의 적인가?

2판 1쇄 펴냄 2021년 3월 30일
2판 5쇄 펴냄 2024년 8월 8일

1판 1쇄 펴냄 2006년 1월 5일
1판 5쇄 펴냄 2013년 9월 19일

지은이 | 존 헤릭
감수자 | 이재열
옮긴이 | 김희경
발행인 | 박근섭
펴낸곳 | ㈜민음인

출판등록 | 2009. 10. 8 (제2009-000273호)
주소 | 06027 서울 강남구 도산대로 1길 62 강남출판문화센터 5층
전화 | 영업부 515-2000 편집부 3446-8774 팩시밀리 515-2007
홈페이지 | minumin.minumsa.com

도서 파본 등의 이유로 반송이 필요할 경우에는 구매처에서 교환하시고
출판사 교환이 필요할 경우에는 아래 주소로 반송 사유를 적어 도서와 함께 보내주세요.
06027 서울 강남구 도산대로 1길 62 강남출판문화센터 6층 민음인 마케팅부

한국어판 © (주)민음인, 2006. Printed in Seoul, Korea
ISBN 979 11-5888-765-0 04000
ISBN 979 11-5888-823-7 04000(set)

㈜민음인은 민음사 출판 그룹의 자회사입니다.